세종특별자치시교육청

교육공무직원 및 특수운영직군

필기시험

제 3 회	영 역	국어 – 초등돌봄전담사, 특수교육실무사, 간호사, 국제교육코디네이터 학교업무 이해하기 – 교무행정사 일반상식(사회, 한국사) – 공통
	문항수	과목별 25문항씩 총 50문항
	시 간	80분
	비 고	객관식 4지선다형

SEOWONGAK
(주)서원각

제3회 기출동형 모의고사

[직종별] 국어

1 어문 규정에 모두 맞게 표기된 문장은?

① 휴계실 안이 너무 시끄러웠다.

② 오늘은 웬지 기분이 좋습니다.

③ 밤을 세워 시험공부를 했습니다.

④ 아까는 어찌나 배가 고프던지 아무 생각도 안 나더라.

2 다음 중 반의 관계의 성격이 다른 하나는?

① 스승 – 제자

② 위 – 아래

③ 남자 – 여자

④ 남편 – 아내

3 띄어쓰기를 포함하여 맞춤법이 모두 옳은 것은?

① 그는∨가만히∨있다가∨모임에∨온∨지∨두∨시간∨만에 ∨돌아가∨버렸다.

② 옆집∨김씨∨말로는∨개펄이∨좋다는데∨우리도∨언제∨ 한∨번∨같이∨갑시다.

③ 그가∨이렇게∨늦어지는∨걸∨보니∨무슨∨큰∨일이∨난 ∨게∨틀림∨없다.

④ 하늘이∨뚫린∨것인지∨몇∨날∨몇∨일을∨기다려도∨비 는∨그치지∨않았다.

4 다음 중 복수 표준어가 아닌 것은?

① 신 / 신발

② 우레소리 / 천둥소리

③ 생 / 새앙 / 생강

④ 살쾡이 / 삵

5 다음 중 띄어쓰기가 옳은 문장은?

① 같은 값이면 좀더 큰것을 달라고 해라.

② 나는 친구가 많기는 하지만 우리 집이 큰지 작은지를 아 는 사람은 철수 뿐이다.

③ 진수는 마음 가는 대로 길을 떠났지만 집을 떠난지 열흘 이 지나서는 갈 곳마저 없었다.

④ 경진은 애 쓴만큼 돈을 받고 싶었지만 주위에서는 그의 노력을 인정해 주지 않았다.

6 밑줄 친 단어 중 우리말의 어문 규정에 따라 맞게 쓴 것 은?

① <u>윗층</u>에 가 보니 전망이 정말 좋다.

② <u>뒷편</u>에 정말 오래된 감나무가 서 있다.

③ 그 일에 <u>익숙지</u> 못하면 그만 두자.

④ <u>생각컨대</u>, 그 대답은 옳지 않을 듯하다.

7 외래어 표기가 모두 옳은 것은?

① 글래스 – 초콜렛 – 슈퍼마켓

② 스프(soup) – 서비스 – 리더십

③ 화이팅 – 액세서리 – 윈도

④ 재킷 – 팸플릿 – 티켓

8 밑줄 친 말 중 맞춤법에 어긋난 것은?

① 집은 허름하지만 아까 본 집보다 가격이 <u>만만잖다</u>.

② 그는 밥을 몇 <u>숟가락</u> 뜨다가 밥상을 물렸다.

③ 청소한 것 치고는 그다지 <u>깨끗지</u> 않았다.

④ <u>넉넉지</u> 못했지만 학교 다니고 생활하는 데는 별 어려움이 없었다.

9 밑줄 친 단어의 쓰임이 적절한 것은?

① 흙덩이를 잘게 <u>부신</u> 후 가져가세요.

② 그릇과 그릇이 <u>부딪치는</u> 소리가 요란했다.

③ 이 파이프는 굵기가 너무 <u>얇아서</u> 안 되겠다.

④ 쏟아지는 뜨거운 눈물을 <u>걷잡을</u> 수가 없었다.

10 다음 중 밑줄 친 단어의 의미가 다른 것은?

① 유리는 손이 <u>곱다</u>는 칭찬을 줄곧 들어왔다.

② 찬바람에 손가락이 <u>곱아</u> 짐은커녕 아이도 들 수 없었다.

③ 고운 사람은 멱 씌워도 <u>곱다</u>.

④ 뒷마당에는 붉은 동백꽃이 <u>곱게</u> 피었다.

11 다음 밑줄 친 단어의 의미가 나머지와 다른 것은?

① 우물이 다 <u>말랐는지</u> 모래만 한 바가지 나왔다.

② 비오는 날에는 빨래를 잘 <u>말릴</u> 수 없었다.

③ 나무에서 잎들이 누렇게 <u>말라</u> 하나 둘씩 떨어졌다.

④ 가지 말라고 <u>말리는</u> 것도 한 두 번이지.

12 다음 중 비통사적 합성어로만 묶인 것은?

① 굳은살, 어린이, 날아오르다

② 덮밥, 오르내리다, 부슬비

③ 눈사람, 짙푸르다, 열쇠

④ 새빨갛다, 열쇠, 감발

13 다음 중 단어의 의미가 옳지 않은 것은?

① 을러대다 : 위협적인 언동으로 을러서 남을 억누르다.

② 어름 : 두 사물의 끝이 맞닿은 자리.

③ 황소바람 : 넓은 광장에 거세게 부는 바람

④ 반추 : 어떤 일을 되풀이하여 음미하거나 생각함. 또는 그런 일.

14 다음 중 발음이 옳지 않은 것은?

① 어른들이 계시는[계 : 시는] 곳에서는 항상 언행을 조심해라.

② 문서를 작성하기 전에 먼저 주의[주이] 할 것들을 먼저 읽어보았다.

③ 젊어서는 국밥[국빱] 한 그릇 사먹기가 어려웠다.

④ 낮게 읊조리는[읍조리는] 그의 목소리가 마치 저승사자 같았다.

15 다음 중 로마자 표기가 옳은 것은?

① 압구정 – Apggujeong

② 한라산 – Hallasan

③ 속리산 – Songrisan

④ 경복궁 – Gyeongbokggung

16 다음 글을 읽고 알 수 있는 내용이 아닌 것은?

우리나라에 주로 나타나는 참나무 종류는 여섯 가지인데 각각 신갈나무, 떡갈나무, 상수리나무, 굴참나무, 갈참나무, 졸참나무라고 부른다. 참나무를 구별하는 가장 쉬운 방법은 잎을 보고 판단하는 것이다. 잎이 길고 가는 형태를 띤다면 상수리나무나 굴참나무임이 분명하다. 그 중에서 잎 뒷면이 흰색인 것이 굴참나무이다. 한편 나뭇잎이 크고 두툼한 무리에는 신갈나무와 떡갈나무가 있는데, 떡갈나무는 잎의 앞뒤에 털이 빽빽이 나 있지만 신갈나무는 그렇지 않다. 졸참나무와 갈참나무는 다른 참나무들보다 잎이 작으며, 잎자루라고 해서 나무줄기에 잎이 매달린 부분이 1~2센티미터 정도로 길다. 졸참나무는 참나무들 중에서 잎이 가장 작고, 갈참나무는 잎이 두껍고 뒷면에 털이 있어서 졸참나무와 구별된다. 참나무의 이름에도 각각의 유래가 있다. 신갈나무라는 이름은 옛날 나무꾼들이 숲에서 일을 하다가 짚신 바닥이 해지면 이 나무의 잎을 깔아서 신었기 때문에 '신을 간다'는 의미에서 붙여졌다고 한다. 떡갈나무 역시 이름 그대로 떡을 쌀 만큼 잎이 넓은 나무라고 하여 붙여진 이름인데 실제 떡갈나무 잎으로 떡을 싸 놓으면 떡이 쉬지 않고 오래 간다고 한다. 이는 떡갈나무 잎에 들어있는 방부성 물질 때문이다.

① 참나무는 보는 것만으로도 종류를 구분할 수 있다.

② 잎이 길고 가늘며 잎 뒷면이 흰색인 것은 상수리나무이다.

③ 떡갈나무는 잎이 크고 두툼하며 잎의 앞뒤에 털이 빽빽이 나있다.

④ 참나무의 이름에는 각각 유래가 있다.

17 제시된 글에서 사용하고 있는 서술 방법은?

> 사람도 빛 공해의 피해를 입고 있다. 우리나라의 도시에 사는 아이들은 시골에 사는 아이들보다 안과를 자주 찾는다. 세계적으로 유명한 과학 잡지 "네이처"에서는 밤에 항상 불을 켜 놓고 자는 아이의 34퍼센트가 근시라는 조사 결과를 발표했다. 불빛 아래에서는 잠드는 데 걸리는 시간인 수면 잠복기가 길어지고 뇌파도 불안정해진다. 이 때문에 도시의 눈부신 불빛은 아이들의 깊은 잠을 방해하고 있는 것이다.

① 조사 결과를 근거로 제시하여 주장의 신뢰를 높이고 있다.
② 이해하기 어려운 용어들을 정리하고 있다.
③ 눈앞에 그려지는 듯한 묘사를 통해 설명하고 있다.
④ 하나의 대상을 여러 갈래로 분석하고 있다.

18 제시된 글의 ㉠과 ㉡의 관계는?

> 아버지는 아들 의 의견을 끝까지 잠잠히 들었다. 그리고,
> "점심이나 먹어라. 나두 좀 생각해 봐야 대답허겠다."
> 하고는 다시 개울로 나갔고, 떨어졌던 다릿돌을 올려놓고야 들어와 그도 점심상을 받았다.
> 점심을 자시면서였다.
> "원, ㉠요즘 사람들은 힘두 줄었나 봐! 그 다리 첨 놀 제 내가 어려서 봤는데 불과 여나믄 이서 꺼들던 돌인데, 장정 수십 명이 한나절을 씨름을 허다니!"
> "나무다리가 있는데 건 왜 고치시나요?"
> "너두 그런 소리 허는구나. 나무가 돌만 하다든? 넌 그 다리서 고기 잡던 생각두 안 나니? 서울로 공부 갈 때 그 다리 건너서 떠나던 생각 안 나니? ㉡시쳇사람들은 모두 인정이란 게 사람헌테만 쓰는 건 줄 알드라! 내 할아버니 산소에 상돌을 그 다리로 건너다 모셨구, 내가 천잘 끼구 그 다리루 글 읽으러 댕겼다. 네 어미두 그 다리루 가말 타구 내 집에 왔어. 나 죽건 그 다리루 건네다 묻어라……. 난 서울 갈 생각 없다."
>   – 이태준, 「돌다리」 –

① 인과 관계
② 상하 관계
③ 유의 관계
④ 반의 관계

19 다음 중 ㉠에 들어가기 가장 어색한 것은?

> 달걀의 겉모양은 타원형이다. 애초부터 세울 이유가 없도록 설계되어 있는 것이다. 타원형의 달걀에는 둥지에서 구르더라도 그 둥지를 벗어나지 않도록 ___㉠___ 생명의 섭리가 숨어 있는 것이다. 만일 달걀이 타원형이 아닌 원형이었다면 한 번 구를 경우 자칫 둥지에서 멀리 이탈하기 쉬울 것이며, 모양이 모나게 각을 이루고 있다면 어미 새가 품기 곤란하였을 것이다. 이런 점에서 달걀의 타원형은 그 속의 생명을 지키는 원초적 방어선이라 할 수 있겠다. 따라서 달걀을 세워 보겠다는 것은 곧 그러한 자연의 섭리와 생명의 법칙에 맞서는 행위인 것이다. 먹기 위해서도 아니면서, 둥지에서 벗어나지 않도록 만들어진 생명체를 자신이 원하는 자리에 굳이 고정해 버리겠다는 생각이 '콜럼버스의 달걀에 담겨있는 것이다. 그래서 그것은 상식을 깬 발상 전환의 모델이라기보다 소중한 생명을 파괴해서라도 자신의 목적을 달성하겠다는 탐욕적이고 반생명적인 발상으로 볼 수 있다.

① 고안된
② 설계된
③ 만들어진
④ 착상된

20 다음 글의 주제로 가장 적절한 것은?

> 신문 기사는 표제, 기사 내용, 사진을 '3원색'으로 삼아 현실을 그려 내는 그림이다. 그러나 신문 기사가 그림인 까닭은 단순히 지면의 미적 구성이라는 좁은 의미에 그치지 않는다. 모든 그림이 단순한 현실 복사가 아니듯 신문 기사라는 그림 또한 현실을 그대로 복사하는 것이 아니다. 신문 기사는 수 많은 삶의 현실 가운데 어느 것을 기사화할지 선택하고 결정하는 과정을 거쳐 인쇄된다. 따라서 신문 기사는 모두 객관적이라는 고정관념부터 깰 필요가 있다. 기삿거리를 선택하고 결정하는 것은 가치 판단을 의미하며, 가치 판단에는 어쩔 수 없이 주관이 들어가기 때문이다.
> 신문에 실린 기사는 최소한 취재 기자, 취재부장, 편집 기자, 편집부장, 편집국장이라는 다섯 사람의 눈과 손을 거쳐 '선택받은 사건'들이다. 이러한 공동 작업 과정을 통해 인쇄되기에, 독자가 받아 보는 신문의 각 기사에는 여러 단계에 걸쳐 각각 그들의 시각과 보도 관행, 심지어 현실을 인식하는 관점이 녹아들 수밖에 없다. 아무리 사실주의적 미술 작품이라 해도 그림에 화가의 관점이나 숨결이 담겨 현실과 꼭 같을 수 없는 이치와 같다. 신문 읽기를 넘어 신문 편집을 보아야 할 이유가 여기에 있다.

① 신문기사에는 많은 사람들의 의견이 들어간다.
② 신문기사의 내용을 비판적으로 바라보고 주체적으로 수용해야한다.
③ 신문을 많이 보는 것은 현실 인식에 도움이 된다.
④ 신문보다는 사실주의적 미술이 더욱 신뢰할 만하다.

21 다음 제시된 글을 읽고 알 수 있는 내용이 아닌 것은?

몇 년 전 미국의 주간지 『타임』에서는 올해 최고의 발명품 중 하나로 '스티키봇(Stickybot)'을 선정했다. 이 로봇 기술의 핵심은 한 방향으로 힘을 가하면 잘 붙어 떨어지지 않지만 다른 방향에서 잡아당기면 쉽게 떨어지는 방향성 접착성 화합물의 구조를 가진 미세한 섬유 조직으로, 도마뱀의 발바닥에서 착안한 것이다.

스티키봇처럼 살아 있는 생물의 행동이나 구조를 모방하거나 생물이 만들어내는 물질 등을 모방함으로써 새로운 기술을 만들어 내는 학문을 생체 모방 공학(biomimetics)이라고 한다. 이는 '생체(bio)'와 '모방(mimetics)'이란 단어의 합성어이다. 그 어원에서 알 수 있듯이 생체 모방 공학은 자연에 대한 체계적이고 조직적인 모방이다.

칼과 화살촉 같은 사냥 도구가 육식 동물의 날카로운 발톱을 모방해 만든 것이라고 한다면 생체 모방의 역사는 인류의 탄생과 함께 시작되었다고 해도 과언이 아니다. 이렇듯 인간의 모방은 인류 문명의 발전에 기여해 왔고, 이는 앞으로도 계속될 것이다. 그러므로 우리는 일상생활 속에서 '철조망이 장미의 가시를 모방한 것은 아닐까?', '갑옷은 갑각류의 딱딱한 외피를 모방한 것은 아닐까?' 하는 의문을 가져 보기도 하고, 또 이를 통해 다른 생명체를 모방할 수 있는 방법을 생각해 보기도 하는 태도를 기를 필요가 있다.

① 스티키봇의 핵심 기술
② 생체 모방 공학의 어원
③ 초식동물의 신체적 강점
④ 도마뱀을 모방한 로봇

22 다음 주어진 글의 특징으로 가장 적절한 것은?

인간은 끊임없이 타인과 관계를 맺으며 살아가는 사회적 동물이기 때문에 공동체 생활을 통해 성장해 나가야 한다. 그러나 '나 홀로 전화기'와 함께하는 시간이 많다보니 타인의 즐거움에 같이 기뻐해 주고, 슬픔에 같이 공감해 주는 공동체 문화의 정신을 배울 기회가 줄어들었다. 타인과 어울려 서로의 감정에 공감하며 소속감을 느끼기보다 휴대 전화의 액정 화면에 얼굴을 묻고 자기만의 세계에 갇히게 된다. 휴대 전화와 함께하는 시간이 길어질수록 인간관계가 점점 단절될 수밖에 없는 것이다.

① 대화 위주의 글이다.
② 안부를 전하는 글이다.
③ 인물을 소개하는 글이다.
④ 자신의 의견을 내세우는 글이다.

23 다음에 제시된 글의 흐름이 자연스럽도록 순서대로 배열한 것은?

㈎ 하지만 좀 더 거슬러 올라가면 이 불평등은 각 대륙의 발전 속도가 다른 것에서 유래했다.
㈏ 그리고 각 대륙의 발전 속도의 이러한 차이를 가져온 것이 궁극적으로 지리 및 생태적 환경이었다.
㈐ 더 나아가 그는 생태적 요인이 인간 사회에 어떻게 영향을 미치는지를 비교적 자세히 설명하였다.
㈑ 다이아몬드에 따르면, 1500년경 유럽에서 발달된 과학 기술과 정치 조직이 현대 세계의 불평등을 낳았다.

① ㈑ - ㈐ - ㈎ - ㈏
② ㈑ - ㈐ - ㈏ - ㈎
③ ㈑ - ㈎ - ㈐ - ㈏
④ ㈑ - ㈎ - ㈏ - ㈐

┃24~25┃ 다음 주어진 글을 읽고 물음에 답하시오.

책은 벗입니다. 먼 곳에서 찾아온 반가운 벗입니다. 배움과 벗에 관한 이야기는 "논어"의 첫 구절에도 있습니다. '배우고 때때로 익히니 어찌 기쁘지 않으랴. 벗이 먼 곳에서 찾아오니 어찌 즐겁지 않으랴.'가 그런 뜻입니다.

(㉠) 오늘 우리의 현실은 그렇지 못합니다. 인생의 가장 빛나는 시절을 수험 공부로 보내야 하는 학생들에게 독서는 결코 반가운 벗이 아닙니다. 가능하면 빨리 헤어지고 싶은 불행한 만남일 뿐입니다. 밑줄 그어 암기해야 하는 독서는 진정한 의미의 독서가 못 됩니다.

독서는 모름지기 자신을 열고, 자신을 확장하고, 자신을 뛰어 넘는 비약이어야 합니다. 그렇기 때문에 독서는 삼독(三讀)입니다. 먼저 글을 읽고 다음으로 그 글을 집필한 필자를 읽어야 합니다. 그 글이 제기하고 있는 문제뿐만 아니라 필자가 어떤 시대, 어떤 사회에 발 딛고 있는지를 읽어야 합니다. 그리고 최종적으로 그것을 읽고 있는 독자 자신을 읽어야 합니다. 그렇게 함으로써 자신의 처지와 우리 시대의 문맥을 깨달아야 합니다.

수험 공부 다음으로 많은 것이 아마 교양을 위한 독서라 할 수 있습니다. 그러나 교양 독서 역시 참된 독서가 못 됩니다. 그것은 자신을 여는 것이 아니라 반대로 자신을 가두는 것이기 때문입니다.

– 신영복, 「책은 먼 곳에서 찾아온 벗입니다」 –

24 위 글에서 말하는 진정한 의미의 독서와 가장 가까운 것은?

① 많은 지식을 쌓을 수 있는 교양을 위해 책을 고르는 것.

② 독서를 통해 접하지 못한 세계를 경험하고 그를 통해 발전하는 것.

③ 학습을 위한 핵심 내용 위주로 빠르게 배우는 것.

④ 시간을 빨리 보내기 위한 흥미 위주로 글을 읽는 것

25 ㉠에 들어갈 말로 가장 적절한 것은?

① 그러나

② 그를 통해

③ 만약에

④ 더욱이

[직종별] 학교업무 이해하기

1 다음 중 세종교육 정책 기본 방향을 모두 고르면?

㉠ 미래교육	㉡ 생활교육
㉢ 책임교육	㉣ 지식교육
㉤ 예절교육	㉥ 혁신교육

① ㉠, ㉡, ㉤　　　　② ㉠, ㉢, ㉥

③ ㉡, ㉢, ㉥　　　　④ ㉢, ㉣, ㉥

2 세종교육 정책 기본 방향 중 '책임교육'에 대한 설명은?

① 세종창의적교육과정 운영

② 통일시대 시민교육 강화

③ 교육복지 완성, 안심교육 실현

④ 교육혁신 지속, 교육자치 실현

3 다음 중 교육감에 대한 설명으로 옳지 않은 것은?

① 교육감의 정원은 1명이다.

② 시·도의 교육·학예에 관한 사무의 집행기관이다.

③ 교육·학예에 관한 소관사무로 인한 소송이나 재산의 등기 등에 대하여 당해 시·도를 대표한다.

④ 교육규칙의 제정에 관한 사무는 관장하지만, 학교 등 교육기관의 설치·이전 및 폐지에 관한 사항은 관장사무에 해당하지 않는다.

4 부교육감 추천 권한을 가지고 있는 사람은?

① 교육감　　　　② 교육부장관

③ 국무총리　　　　④ 교육의원

5 세종시교육청 본청기구에 대한 설명으로 옳은 것은?

① 본청기구는 크게 보좌기관과 보조기관으로 나눈다.

② 보좌기관으로 교육감 밑에 감사관을 둔다.

③ 보좌기관으로 부교육감 밑에 소통담당관을 둔다.

④ 보조기관으로 기획조정팀, 교육정책팀, 교육행정팀을 둔다.

6 교육법규의 특징 중 수단성에 대한 설명으로 옳지 않은 것은?

① 교육법이 규정하고 있는 학교교육, 평생교육, 교원, 교육행정 등의 교육제도는 모두 교육을 구체적으로 조장하기 위한 수단적 성격을 가진다.

② 교육법은 고정불변의 것으로 사회의 요구를 반영하기 어렵다.

③ 공교육, 의무교육제도는 근대 시민사회의 형성, 자본주의의 발달, 과학·기술의 발전 등의 소산이다.

④ 오늘날 학교교육이 많은 도전과 변화의 요구를 받고 있는 것은 사회의 급변에 따른 것이라 할 수 있다.

7 다음은 기본 학적 용어 중 무엇에 대한 설명인가?

> 의무교육 대상자로서 "면제, 유예, 정원외 학적관리" 중인 자(의무교육을 중단한 자)가 다시 의무교육을 받고자 의무교육에 해당하는 학교에 다니게 됨을 말한다.

① 재입학   ② 재취학
③ 편입학   ④ 전입학

8 「학교생활기록 작성 및 관리지침」 제7조에 따른 학적사항 관리에 대한 설명 중 옳지 않은 것은?

① 중·고등학교에서는 입학 전 전적학교의 졸업연월일과 학교명을 입력한다.

② 검정고시 합격자는 합격연월일과 '검정고시'라고 입력한다.

③ 재학 중 학적변동이 발생한 경우에는 전출교와 전입교에서 각각 학적변동이 발생한 일자, 학교와 학년, 학적변동 내용을 입력한다.

④ '특기사항'란에는 학적변동의 사유를 입력한다.

9 다음 중 [학적] – [전입관리] – [전입학/편입학/재취학]의 메뉴 경로를 따르는 작업이 아닌 것은?

① [등록/자료요청]

② [이전출결자료]

③ [진급누락처리]

④ [통폐합학교 전출학생 관리]

10 다음 빈칸에 들어갈 내용으로 적절한 것은?

> 학교의 학년도는 「초·중등교육법」 제24조(수업 등)에 따라 _____까지로 하며, 매 학년이 종료된 이후에는 당해 학년도 이전의 학교생활기록부 입력 자료에 대한 정정은 원칙적으로 금지한다.

① 2월 1일부터 시작하여 다음 해 2월 1일

② 2월 1일부터 시작하여 다음 해 2월 말일

③ 3월 1일부터 시작하여 다음 해 2월 1일

④ 3월 1일부터 시작하여 다음 해 2월 말일

11 다음은 2015 개정교육과정 주요 개정 방향에 대한 내용이다. 빈칸에 들어갈 내용으로 적합한 것은?

> • 인문·사회·과학기술에 관한 기초 소양 교육을 강화
> • 학생들의 "_____"를 키울 수 있는 교육과정을 마련
> • 미래 사회가 요구하는 핵심역량의 함양이 가능한 교육과정을 마련

① 신과 체   ② 힘과 끼
③ 꿈과 끼   ④ 꿈과 힘

12 다음 중 영양사의 주요업무에 해당하는 것은?

① 급식품의 위생적인 취급 및 조리·배식 실무

② 조리실 종사자의 지도·감독

③ 조리실의 청소, 소독 등 위생 실무

④ 급식시설·설비 및 기구의 세척, 소독, 안전 실무

13 근로계약서의 구성 항목으로 가장 옳지 않은 것은?

① 근로계약기간

② 근로장소 및 담당업무

③ 휴직에 관한 사항

④ 평가 및 조치 등

14 인사관리의 주요기능으로 가장 옳지 않은 것은?

① 인적자원의 확보

② 인적자원의 유지 활용

③ 인적자원에 대한 징계

④ 인적자원에 대한 평가

15 다음 중 징계에 대한 설명으로 옳지 않은 것은?

① 징계의결 요구권자는 교육감이다.

② 징계의결은 교육공무직원 인사위원회에서 한다.

③ 징계의 종류는 해고, 정직, 감봉, 견책이 있다.

④ 감봉은 1개월 이상 6개월 이하의 기간 동안 급여를 감액한다.

16 교육공무직원의 정년은 몇 살인가?

① 만 58세　　　　② 만 59세

③ 만 60세　　　　④ 만 65세

17 다음 중 근로시간에 포함되지 않는 것은?

① 휴일근로시간　　② 야간근로시간

③ 연장근로시간　　④ 휴게시간

18 다음 상황에서 교육공무직원 甲에게 지급해야 할 임금은?

- 근무시간(휴일근로) : 09:00~20:00
- 휴게시간 : 12:00~13:00
- 연장근로시간 : 18:00~20:00
- 시간급 통상임금 : 1만원

① 100,000원　　　② 150,000원

③ 160,000원　　　④ 200,000원

19 근로자의 날은 언제인가?

① 매년 4월 1일　　② 매년 4월 15일

③ 매년 5월 1일　　④ 매년 5월 15일

20 특별휴가 일수가 잘못 연결된 것은?

① 본인 결혼 : 5일

② 자녀 결혼 : 1일

③ 배우자 출산 : 3일

④ 배우자 사망 : 5일

21 다음 중 반드시 월급제 임금 적용이 되는 교육공무직원이 아닌 것은?

① 영양사

② 전문상담사

③ 사무행정실무원

④ 간호사

22 다음에 설명하는 것은?

교육행정기관과 유·초·중·고등학교(특수)의 교육행재정·교무업무를 전자적으로 연계 처리하기 위하여 교육부 및 17개 시·도 교육청이 공동으로 설치·운영하는 시스템

① 교육정보시스템

② 교육업무시스템

③ 교육행정시스템

④ 교육운영시스템

23 다음에 설명하고 있는 문서의 기능은?

> 문서는 자기의 의사를 타인에게 전달하는 기능을 갖는다. 이는 의사를 공간적으로 확산하는 기능으로서 문서의 발송·도달 등 유통과정에서 나타난다.

① 의사의 기록·구체화
② 의사의 전달
③ 의사의 보존
④ 업무의 연결

24 다음에서 설명하고 있는 예산에 종류는?

> 국가·또는 지방자치단체 등으로 부터 그 용도가 지정되고 소요 전액이 교부된 경비 또는 학교운영위원회의 심의를 거친 수익자 부담 경비는 예산의 성립 이전에 이를 사용 할 수 있으며, 이는 동일 회계연도 내의 차기 추가경정 예산에 계상함

① 본예산
② 추가경정예산
③ 성립전예산
④ 성립후예산

25 불만민원 응대요령으로 적절하지 않은 것은?

① 상담 중 목소리가 높아지는 등 민원인과의 마찰 또는 갈등이 발생할 우려가 있을 경우, 최대한 부서장 또는 상급자가 개입하지 않도록 한다.
② 원인의 요구사항을 들어줄 수 없는 경우, 민원인의 요구사항에 대한 대안적 해결방안을 적극적으로 찾아 지원할 수 있도록 노력한다.
③ 민원인이 지속적으로 반복 민원을 제기하는 경우, 그동안의 민원신청·답변내용을 다시 설명하거나 다른 해결책을 모색하는 등 민원해결을 위해 최선을 다하는 모습을 보인다.
④ 상급자나 학교장과의 면담을 요청하는 경우, 면담 요청 사유를 물어본 후 특별한 사유가 없으면 민원의 세부내용을 가장 잘 아는 사람이 담당자임을 안내하여, 담당자와의 상담을 유도한다.

[공통] 일반상식(사회, 한국사)

1 사회적 소수자에 대한 설명으로 옳지 않은 것은?

① 신체적 또는 문화적 특성으로 인해 자기가 사는 사회의 다른 구성원으로부터 구분되어 불평등한 처우와 차별을 받는다.
② 정치·경제·사회적 권력에서 열세에 있거나 자원 동원 능력이 뒤처진다.
③ 사회적 지위에 기초하여 결정되기보다는 사회에서의 수에 의해 결정된다.
④ 자신이 차별을 받는 소수자 집단에 속한다는 소속감을 가진다.

2 지방자치제도에 대한 설명 중 옳은 것만을 모두 고른 것은?

> ㉠ 성남시 분당구와 김해시는 기초지방자치단체이다.
> ㉡ 주민소환의 대상에는 비례대표 지방의회의원이 포함된다.
> ㉢ 일정한 수의 주민은 직접 조례의 제정 및 개폐를 청구할 수 있다.
> ㉣ 제주특별자치도와 세종특별자치시는 모두 광역지방자치단체에 속한다.
> ㉤ 지방자치제도는 헌법에 의해 보장받고 있다.

① ㉠㉡㉢
② ㉠㉣㉤
③ ㉡㉢㉣
④ ㉢㉣㉤

3 민법상 법률행위에 대한 설명으로 옳지 않은 것은?

① 미성년자는 독자적으로 유효한 법률행위를 할 수 없음이 원칙이다.
② 젖먹이, 만취자와 같은 의사무능력자의 법률행위는 무효이다.
③ 당연 무효인 법률행위는 처음부터 효과가 발생하지 않는다.
④ 취소할 수 있는 법률행위는 특정인이 취소할 때까지는 유효하고 그 이후부터 장래를 향하여 효력을 상실한다.

4 우리나라에 거주하고 있는 외국인의 참정권에 대한 설명으로 옳은 것은?

① 정당에 가입할 수 있다.

② 정치자금을 기부할 수 있다.

③ 주민투표 자격을 제한적으로 인정받고 있다.

④ 지방의회의원의 피선거권을 제한적으로 인정받고 있다.

5 고령화 추이를 나타내고 있는 표에 대한 설명으로 옳은 것은?

연도	노년부양비(%)	고령화지수(%)
2010	10.1	33.0
2020	15.0	66.3

① 노년부양비는 $\dfrac{65세\ 이상\ 인구}{유소년\ 인구+생산가능\ 인구}\times100$으로 구한다.

② 고령화지수는 $\dfrac{65세\ 이상\ 인구}{생산가능\ 인구}\times100$이로 한다.

③ 2010년의 노인 인구는 유소년 인구의 3분의 2 이하이다.

④ 2020년의 유소년 인구는 생산가능 인구의 3분의 2 이상이다.

6 다음에서 제시하고 있는 우리나라의 사회보장제도에 대한 설명으로 옳지 않은 것은?

- 서비스 대상 : 65세 이상의 노인 또는 65세 미만의 노인성 질환자
- 서비스 내용 : 시설 급여, 재가 급여, 특별 현금 급여
- 보험료 징수 방법 : 건강보험료와 통합 징수

① 의료급여제도에 대한 설명으로 소득재분배 효과를 담보하고 있다.

② 가입자는 부양해야 할 노인이 없어도 부담액을 납부하여야 한다.

③ 국가와 지방자치단체의 노인부양책임을 강화하는 것을 목적으로 한다.

④ 가입자의 소득과 가입자 부담액은 양(+)의 상관관계가 있다.

7 헌법이 보장하는 신체의 자유에 대한 내용에 해당되지 않는 것은?

① 모든 국민은 형사상 자기에게 불리한 진술을 강요당하지 않는다.

② 누구든지 체포 또는 구속을 당한 때에는 적부의 심사를 법원에 청구할 권리를 가진다.

③ 타인의 범죄행위로 인해 생명·신체에 대한 피해를 받은 국민은 법률이 정하는 바에 의하여 국가로부터 구조를 받을 수 있다.

④ 정식재판에 있어서 피고인의 자백이 피고인에게 불리한 유일한 증거일 때에는 이를 유죄의 증거로 삼거나 이를 이유로 처벌할 수 없다.

8 다음과 같은 특성을 갖는 A, B, C, D시장에 대한 설명 중 옳은 것은?

구분	A	B	C	D
진입 장벽	없음	거의 없음	높음	매우 높음
경쟁 정도	← 경쟁이 심해짐 경쟁이 약해짐 →			

① A : 기업이 상품가격을 결정하는 시장이다.

② B : 상품 차별화가 이루어지는 시장이다.

③ C : 자원배분의 효율성이 가장 높은 시장이다.

④ D : 소비자 잉여가 가장 큰 시장이다.

9 다음 중 미국과 영국이 실시하고 있는 정당제도에 대한 설명으로 옳은 것은?

① 경쟁할 수 있는 정당이 세 개 이상 존재하는 정당제도이다.

② 다양한 민의를 반영할 수 있는 장점을 지니고 있다.

③ 군소 정당의 난립으로 정국이 불안정하게 될 가능성이 높다.

④ 정치적 책임 소재가 명확하며, 유권자의 정당 선택이 용이하다는 장점이 있다.

10 경제 현상과 개념에 대한 설명으로 옳은 것을 모두 고른 것은?

> ㈎ 국내 총생산은 소비지출 + 투자지출 + 정부지출 + 수출로 계산할 수 있다.
> ㈏ 명목GDP는 생산량이 증가하는 경우뿐만 아니라 가격이 상승하는 경우에도 증가한다.
> ㈐ 더 나은 일자리를 찾거나 직장을 옮기는 직업 탐색 과정에서 발생하는 실업을 마찰적 실업이라고 하며 비자발적 실업에 속한다.
> ㈑ 명목 국내 총생산을 실질 국내 총생산으로 나눈 값에 100을 곱한 것을 GDP디플레이터라고 한다.
> ㈒ 경기침체와 통화의 가치가 지속적으로 떨어지는 현상이 동시에 나타나는 것을 디플레이션이라고 한다.

① ㈎, ㈑   ② ㈏, ㈑
③ ㈎, ㈐, ㈑   ④ ㈏, ㈐, ㈑

11 다음 중 정보 사회에 대한 설명으로 옳지 않은 것은?

① 부가가치를 창출하는 원천으로 지식과 정보가 중시된다.
② 전자 민주주의의 발달로 직접 민주 정치의 실현 가능성이 높아지고 있다.
③ 다품종 소량 생산에서 소품종 대량 생산으로 생산 방식이 전환되고 있다.
④ 사회적 관계 형성이 면대면 접촉에서 사이버 공간으로 이동하고 있다.

12 우리나라 구석기시대의 생활에 대한 설명으로 옳지 않은 것은?

① 동굴, 바위그늘에서 살거나 강가에 막집을 짓고 살았다.
② 동물의 뼈로 만든 뼈도구와 뗀석기를 도구로 사용하였다.
③ 유적으로는 상원의 검은 모루, 제천 창내, 공주 석장리 등이 있다.
④ 조, 피 등의 곡물을 반달돌칼로 이삭을 추수하는 등 농경을 발전시켰다.

13 밑줄 친 '이들'에 대한 설명으로 옳은 것은?

> 이들이 받은 교육 내용은 주로 서양의 말과 문장, 탄약 제조, 화약 제조, 제도, 전기, 소총 수리 등이었다. 그러나 이들 가운데에는 자질이 부족하여 교육에 어려움을 느끼다가 자퇴하는 사람들도 있었다.

① 갑신정변을 주도하였다.
② 일본에 파견되어 활동하였다.
③ 정부의 재정지원으로 외국에서 3년 간 교육을 받았다.
④ 이들의 활동을 계기로 근대적 병기공장인 기기창이 설치되었다.

14 다음 여러 왕대의 정책들과 정치적 목적이 가장 유사한 것은?

> ㉠ 신라 신문왕 – 문무 관리에게 관료전을 지급하고 녹읍을 폐지하였다.
> ㉡ 고려 광종 – 과거 제도를 시행하고 관리의 공복을 제정하였다.
> ㉢ 조선 태종 – 6조 직계제를 확립하고 사병을 혁파하였다.

① 집사부 시중보다 상대등의 권력을 강화하였다.
② 향약과 사창제를 실시하고 서원을 설립하였다.
③ 장용영을 설치하고 규장각을 확대 개편하였다.
④ 중방을 실질적인 최고 권력 기관으로 만들었다.

15 고려 무신정권시대에 대한 설명으로 옳은 것은?

① 기존의 통치기구와 별도로 교정도감, 정방 등 새로운 정치기구를 설치하여 문신들이 권력을 행사하였다.
② 사회모순이 노출되었으나 천민의 반란은 발생하지 않았다.
③ 무신들이 자신들의 무력적 기반을 다지고자 전시과체제를 재정비하였다.
④ 전시과의 토지분배가 문신보다 낮았던 것은 무신들의 불만을 고조시켜 무신정변을 일으키게 하는 원인 중 하나였다.

16 다음 내용을 통해 알 수 있는 사실은?

> 인종 4년(1126), 대부분의 신하들은 사대를 할 수 없다고 주장하였다. 이자겸과 척준경이 말하였다. "옛날에 금은 소국으로 거란과 우리를 섬겼다. 하지만 지금은 갑자기 강성해져서 거란과 송을 멸망시키고, 정치적 기반을 굳건히 함과 동시에 군사력을 강화하였다. 또 우리 영토가 맞닿아 있으므로 정세가 사대하지 않을 수 없게 되었다. 작은 나라가 큰 나라를 섬기는 것은 선왕의 법도이다. 마땅히 먼저 사신을 보내어 예를 닦는 것이 옳다." 인종이 이 건의를 받아들였다.
>
> －고려사절요－

① 묘청은 풍수지리에 입각하여 서경길지설을 주장하였다.
② 금의 침입에 대해 강감찬은 귀주대첩에서 승리하였다.
③ 금국은 평양에 안동도호부를 설치하고자 하였다.
④ 김부식은 금국정벌론을 주장하며 자주적 성격을 보였다.

17 다음에 나타난 공통된 정치현상과 같은 결과가 초래된 사실은?

> • 고려후기에는 권문세족들이 도평의사사를 중심으로 귀족연합적인 정치운영을 하였다.
> • 조선후기에는 정승과 판서, 유수, 군영대장, 대제학 등이 비변사에 모여 국정을 논의하였다.

① 신라 － 녹읍제가 부활되고 상대등의 권한이 강화되었다.
② 고려 － 과거제도와 노비안검법을 실시하고, 백관의 공복을 제정하였다.
③ 조선 － 탕평책을 실시하고 국왕이 병권을 장악하였다.
④ 대한제국 － 대한국 국제를 반포하고 전제군주국임을 표방하였다.

18 다음과 같은 특성을 지닌 나라에 대한 설명으로 옳지 않은 것은?

> • 철기 문화를 바탕으로 농경문화가 발전하였다.
> • 낙랑과 왜를 연결하는 중계무역이 발달하였다.

① 연맹체의 성격을 지녔으며 금관가야에서 대가야로 그 중심이 옮겨갔다.
② 고구려와 동맹을 맺고 신라에 대항하였다.
③ 가야토기는 일본에 전해져 스에키[須惠器] 토기에 영향을 주었다.
④ 금관가야는 법흥왕 때, 대가야는 진흥왕 때 복속되었다.

19 다음 글의 밑줄 친 '이들'이란 어느 계층을 가리키는가?

> • 이들은 19세기에 새로운 시대 사상으로 부상한 북학사상을 사상적 기반으로 하였으며, 근대적 상공업 사회에 걸맞은 직업적 전문성을 최대한으로 향유하면서 양반 사대부에 대체되는 사회 계층으로 성장하여 개화운동의 전위부대 역할을 하였다.
> • 이들은 새로 도래할 시민사회의 주체가 될 요소를 구비하였음에도 불구하고 새 시대의 주도층으로 성장하기도 전에 외세에 의해 그 가능성을 차단당했다.

① 중인
② 서얼
③ 양반
④ 천민

20 다음은 조선 초기 세종 때의 업적이다. 이와 직접적인 관련이 있는 조치로 볼 수 있는 것은?

> • 역법 계산을 위해 칠정산을 완성하였다.
> • 간의, 혼의 등 천체관측기구를 제작하였다.
> • 시각측정기구인 앙부일구, 자격루 등을 제작하였다.

① 산불을 낸 자는 중벌에 처하였다.
② 전지의 등급을 6등급으로 세분하였다.
③ 그 해의 풍흉에 따라 전세를 각각 달리하였다.
④ 농사철에 농민들을 부역에 동원하는 것을 법으로 금하였다.

21 조선 후기 향촌사회의 질서변화에 대한 설명으로 가장 거리가 먼 것은?

① 새로운 세력인 부농층은 관권과 결탁하여 성장 기반을 굳건히 하면서 향안에 이름을 올리기도 하였다.
② 향촌사회에서 중앙의 관권이 강화되고 아울러 관권을 맡아보고 있던 향리의 역할이 커졌다.
③ 양반층은 향촌을 교화하고 사회질서를 확립하기 위해 향약·향사례·향음주례를 실시하기 시작하였다.
④ 양반의 이익을 대변하던 향회는 주로 수령이 세금을 부과할 때 물어보는 자문기구로 구실이 변하였다.

22 조선시대 혼인에 대한 설명으로 옳지 않은 것은?

① 조선 중기까지도 혼인 후에 남자가 여자 집에서 생활하는 경우가 있었다.
② 혼인형태는 일부일처를 기본으로 하였지만 남자들은 첩을 들일 수 있었다.
③ 17세기 이후에는 혼인하여 곧바로 남자 집에서 생활하는 친영제도가 정착되었다.
④ 여성의 재가가 비교적 자유롭게 이루어졌고, 그 소생자식의 사회적 진출에도 차별을 두지 않았다.

23 한국의 독립과 관련된 회담내용으로 옳지 않은 것은?

① 모스크바 삼상회의(三相會議)에서 임시정부 수립과 신탁통치안을 결의하였다.
② 카이로 회담에서 미·영·중의 수뇌들은 적당한 절차를 거쳐 한국을 독립시킬 것을 처음으로 결의하였다.
③ 포츠담 회담에서 일본은 한국에 대한 모든 권리 및 청구권을 포기하였다.
④ 제2차 미·소공동위원회에서 한국의 신탁통치문제를 협의하였으나 결렬되고 말았다.

24 다음 내용과 관련 있는 세력들이 주장한 내용으로 옳은 것은?

> • 안으로는 봉건적 지배체제에 반대하여 개혁정치를 요구하고, 밖으로는 외세의 침략을 물리치려고 일어났는데, 반봉건적, 반침략적 성격을 띠고 있다.
> • 고부와 태인에서 봉기하여 황토현 싸움에서 관군을 물리치고, 정읍, 고창, 함평, 장성 등을 공략한 다음, 전주 감영을 점령하였다. 그러나 공주의 우금치에서 관군과 일본군을 상대로 격전을 벌였으나 패하고 말았다.

① 토지는 평균하여 분작한다.
② 모든 재정은 호조에서 통합한다.
③ 지조법을 개혁하여 관리의 부정을 막고 백성을 보호한다.
④ 청에 의존하는 생각을 버리고 자주독립의 기초를 세운다.

25 다음의 헤이그 밀사사건 이후에 전개된 사실은?

> 헤이그 특사 파견은 일본의 을사조약 체결 이후에 나타난 사건이다. 을사조약으로 일제에 의해 외교권을 박탈당한 고종은 이를 타개하기 위해 헤이그의 만국평화회의에 일제의 부당성을 알리기 위해 특사를 파견하였다. 하지만 이 일은 결국 실패하고 이후 이 일이 일본에 의해 발각되면서 여러 문제점이 나타나기 시작하였다.

① 고종은 일제의 위협을 피해 러시아 공사관으로 피신했다.
② 독립협회는 일제에 대항하여 이권수호운동을 전개하였다.
③ 일본은 경의선에 가담하여 철도부설권을 확보하게 되었다.
④ 해산된 군인이 의병에 합류하여 의병전력이 증대되었다.